세상의 모든 B에게

김영빈 사진시집

놀북

시인의 말

나무들의 나이테처럼
나를 휘감고 도는 시간을
햇살과 빗물과 바람의 언어로
기록해 두고 싶었다.

멈춰진 기억의 조각들 속에서
서툴게만 살아온
시간들이 보였다.

이제, 안에 고여있던 것들을
내보내려 한다.

풀꽃의 씨앗처럼
새로운 시간이 담긴
또 하나의
타임캡슐이 될 거라 믿는다.

2019년 초겨울 김영빈

귓속말처럼

3	시인의 말
10	숲의 언어
13	꽃도 부처다
15	거목
17	남도의 봄
18	산수유꽃
19	봄
20	화답
21	심쿵
22	너도 향수를 뿌려봐
23	생일케이크
24	봉인해제
26	밤눈
27	경배
28	짝눈
29	한반도
31	뱃멀미
33	섬진강의 봄
35	송학동에서
36	세상의 모든 B에게
37	5월 14일
39	꽃이 잠들면 별이 뜬다
40	고무총
41	추억
43	등대에게
44	대기만성
45	벽화가 살아 있다
46	곰신
48	엿가위
49	어처구니

이름을 보르는

미소	52
안개의 뼈	54
인연	55
공생	57
꽃계단	58
그리움	59
물잠자리	60
채운	63
이슬	64
모발	65
빗물 한 줌	66
별 삼 형제	67
해진 바지	68
모정	69
따라 해볼 뻔했다	70
백하수오	71
비닐우산	73
소통	74
빈자일등	76
긴장	77
꽃사슴	78
다짐	79
순천만	81
용기	82
월류봉	85
코스모스	87
망각	88
회양목	89
화룡점정	90
뫼비우스의 띠	93
무지개 다리	95
부재	97
동그라미	99

100	단골 미용사
101	폭염
103	포구
104	휴식
105	입을 뗀 이유
106	요술공주 밍키
107	한눈팔다
108	미용실
109	Oasis
110	붓글씨
111	사색

습관처럼

114	가래질
116	제비꽃
117	바느질
119	달쇠
120	뚱딴지 같은
121	해먹
122	블루스크린
123	핑크뮬리
124	헤어스타일
126	계단의 법칙
127	모세의 기적
128	구례 사성암
129	누나의 등
130	눈물
131	삼보일배
132	승차권
133	부작용
135	유등 알바생
137	꽃길

138	아버지
141	입눈
142	재채기
144	못 믿겠음 말구
145	지붕 없는 집
146	연기의 추억
148	명아주의 꿈

여전히 좋다

150	곰방대
151	곱슬의 힘
153	달동네
154	꽃폭탄
155	설렘
156	여명을 깨우는 방법
157	하루 살이
159	Twilight
160	날씨 정리
161	첫사랑
162	가로등 달 생각
163	호롱불
165	어둠의 피
166	모정 • 1
167	열정
168	둥근 돌
170	정각 9시
171	뺑이요
172	인생이 쓴 이유
173	동일범
174	Moderato
175	꼬마 눈사람
176	희망
177	Epilogue

 귓속말처럼

멀뚱멀뚱 보기에 나도 멀뚱멀뚱 보았다
귀를 쫑긋하기에 나는 코를 킁킁거렸다
고개를 끄덕끄덕하더니 이내 풀을 뜯는다
숲에서는 통하지 않는 인간의 언어
운 좋게도 난, 또 하나의 언어를 배웠다

#숲의 언어

꽃샘추위
누그러뜨리려는
홍매의 소신공양

#꽃도 부처다 🌸

제 몸을 기꺼이 내어준 대신
5월의 신록과 향기를 얻은
아득한 저 나무의 마음
오래되고 높은 고목이 아니라
크고 넓은 거목이구나

#거목

한발 늦었구나
농부와 소는 가고
산수유꽃만

#남도의 봄

옥수수 알갱이와 따끈한 조밥
봄소식에 굶주린 사람들
요기라도 좀 하라고
아침에 지저귀던 박새가
창밖에 놓고 간 밥 두 그릇

#산수유꽃

삭막한 우리 가슴에
내리치는 풀벼락

#봄

밧줄에 의지해
유리창을 닦다가
환하게 인사하는
얼굴이 보이거든
함께 웃어주세요

#화답

너를 처음 봤을 때
나의 마음이
아마 이랬을 거야

#심쿵

봄소식을 왜
꽃에게만 묻느냐
볼멘소리다

#너도 향수를 뿌려봐

아무도 못 살듯 척박한 땅
초가 수북하게 꽂힌 케이크를 만났다
어둠이 해를 끄고 반딧불을 붙이면
저들만의 생일잔치가 벌어지겠지
초의 갯수로 치열했던 생을 짐작해본다

#생일케이크

회중시계를 열자
거짓말처럼
시간이 멈추었다
시간에 갇혀있던 것들이
썰물처럼 빠져나갔다

#봉인해제

어두운 밤
무섭지 말라고
빗방울마다
눈을 달아 주었다

#밤눈

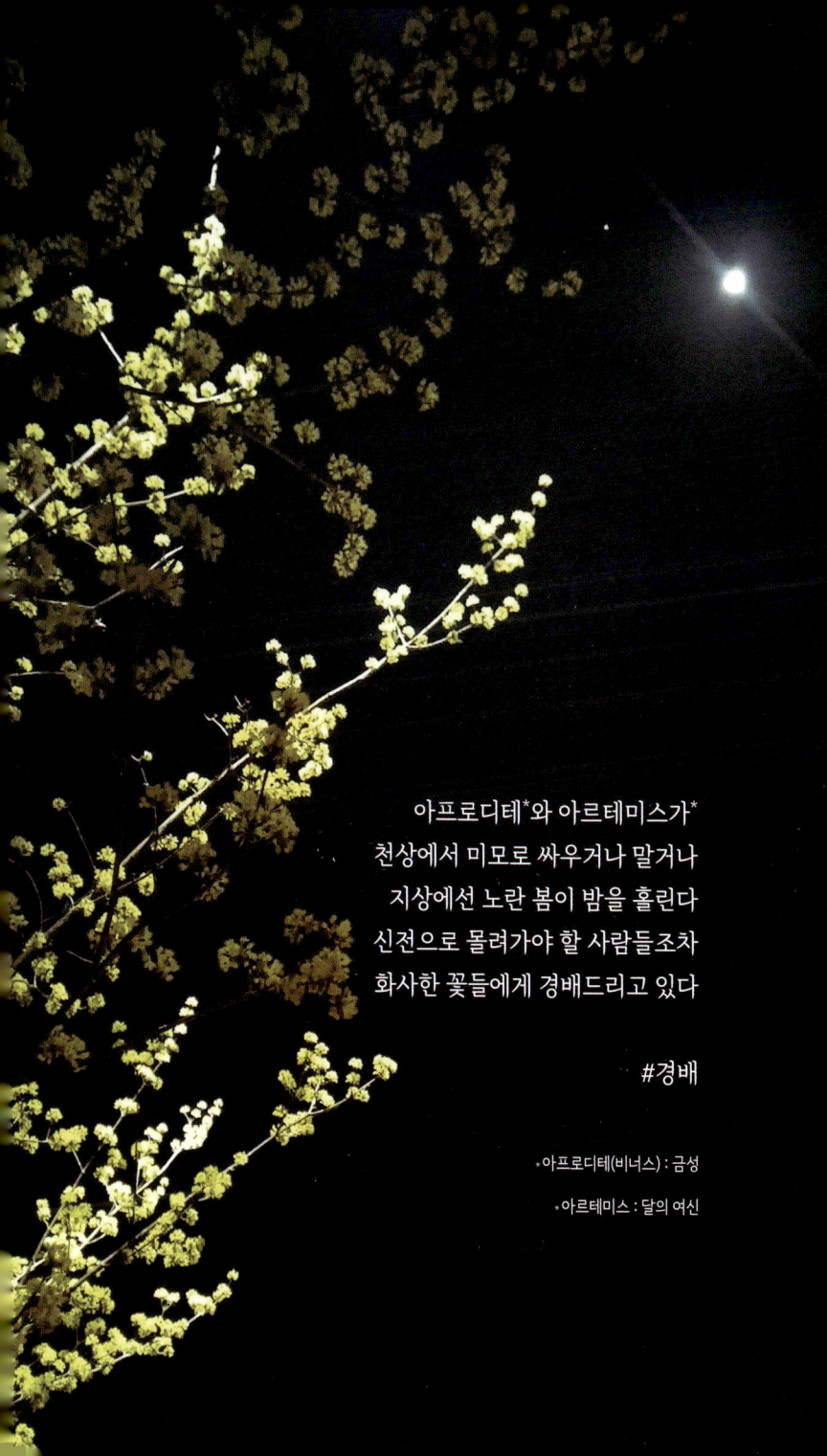

아프로디테*와 아르테미스가*
천상에서 미모로 싸우거나 말거나
지상에선 노란 봄이 밤을 홀린다
신전으로 몰려가야 할 사람들조차
화사한 꽃들에게 경배드리고 있다

#경배

•아프로디테(비너스) : 금성

•아르테미스 : 달의 여신

오른쪽 눈은
왜 감고 있니?

#짝눈

야! 파도 온다
다들 꽉 잡아!
이 땅에 사는
우리네 모습을
고스란히 닮았구나

#한반도

얼마나 울렁거렸으면
체면도 잊고 뻘에 나와
속을 비울까

#뱃멀미

얼음을 부교 삼아
건너왔던 추위가
여기저기 터지는
꽃망울의 화력花力에
쫓겨가는 중이다

#섬진강의 봄

가야의 왕들이
걸어가신 길
알에서 나와
알로 돌아가시다

#송학동에서

고개 들어!
누가 뭐래도
너는 A니까

#세상의 모든 B에게

화장실 휴지로나 쓰던
커다란 일력 같은 날을
또 한 장 뜯어냈다
건강의 소중함은 꼭
아프고 나서야 깨닫는다

#5월 14일

나무에 달린 꽃들이
바람을 따라 낙화(落花)할 때
풀잎에 딸린 꽃들은
별빛을 따라 승화(昇華)한다

#꽃이 잠들면 별이 뜬다

노오란 애기 고무줄을 걸어
졸고 있는 꽃샘추위에게
산수유 꽃눈을 쏘아주고 싶다

#고무총

떨어진 꽃잎 하나
얹어 놓아도
돌에서 향이 나지
너와의 추억
그 편린들처럼

#추억

어두워야 피어나는 꽃
내 안의 그늘로도
너를 깨워
꽃 피울 수 있을까

#등대에게

높은 데 피어
부럽다고?
여기까지 오는데
20년이 걸렸어

#대기만성

알타미라 동굴의
벽화라도 되는 양
시치미를 뚝 뗀다
나도 모른 척하고
낙서라도 해줄걸

#벽화가 살아 있다

오빠는 말^{马}이야
네가 참 맘에 드는데
우리 한번 만나 볼래?

저 기다리는
사람^ 있거든요!

곰신

오리고
자르는 게 싫어
엿장수 가락에
신명나게 놀다 간다

#엿가위

상족암에도
피타고라스가
다녀갔나 싶다가
이게 과연 수포자가
할 소린가 싶다가

#어처구니

이름을 포코코

찌푸렸던 하늘도

살살 녹아내린다

#미소

까마귀들이 모여들어
안개를 뜯어먹은 자리
뼈만 덩그러니 남았다

#안개의 뼈

금방 녹을 눈사람처럼
짧아도, 긴 여운이 남는
그런 인연이기를
기왕이면 당신의 입김으로
뜨겁게 흩어지기를

#인연

용문사 일주문 안에는
구절초 표지판을 더듬어
점자를 읽는 이끼와
죽었던 글자들이 함께
살아 숨 쉬고 있습니다

#공생

날개를 가진 새는
하늘을 날 수는 있어도
꽃계단을 오르진 못할 거야
그것이, 내가 깃털처럼
가벼워지고 싶은 이유야

#꽃계단

바람인 줄 알았더니
짙은 안개였던가
저 큰 틈을 지나지 못해
알알이 걸려버렸네

#그리움

시든 꽃잎처럼 꼬깃해진
육신의 허물을 벗고
이젠 바람이 되려느냐
남강 물결에 살랑이는
윤슬이 되려느냐

#물잠자리

*채운 : 여러가지 빛깔로 아롱진 고운 구름.

무지개면 어떻고
구름이면 어떠랴
이미 내 마음을
설렘으로 꽉 채운*
너인데

#채운

하루살이만큼도 못 사는 어둠을
매일 다시 만날 수 있는 건
그들도 알을 낳기 때문이 아닐까
풀 속에서 낮을 지내고 깨어날 어둠은
어제를 살았던 어둠이 아니다

#이슬

콘크리트 머리에
누군가
발모제를 발랐나?

#모발

목마른 새들을 먹이는
옹달샘이 되고
메마른 감성을 깨우는
눈동자가 된다
바위가 움켜쥔 빗물 한 줌

#빗물 한 줌

비바람이 심한 날엔
가끔 별이 씻겨 내린다
오리온이 잠에서 깨면
휑해진 가슴을 더듬으며
없어진 별들을 찾고 있겠다

#별 삼 형제

어떤 거미줄을 보면
무릎 해진 바지가 떠올라
새 바지 사줄 형편이 안 돼
재봉틀로 일일이 기워주시던
젊었던 엄마 손길이 떠올라

#해진 바지

환갑의 자식을 앞서 보내고
슬피 우시던 팔순의 외할머니
지금 계신 곳에서는
젖먹이로 돌아간 아들을
꼬옥 안아주고 계신지요

#모정

너그들
팔꿈치에 혀 닿냐?

따라 해보고 싶다
하란다고 한다

#따라 해볼뻔했다

날 잡아
If 날 = 'me' {내가 힘이 돼 줄게}
elseif 날 = 'day' {내가 한잔 사줄게}

#날 잡아
#백하수오

파란 비닐우산
펼쳐 들었더니
빗방울 대신
하얀 손수건 하나
날아와 앉았다

#비닐우산

마음엔 담을 쌓았어도
귀는 열어두어야지요

#소통

남강 물에 잠겨도
꺼지지 않고
오히려 밝게 빛나네
가족의 안녕을 비는
소박한 소원 하나

#빈자일등 貧者一燈

사진 하나 뒤집었을 뿐인데
떨어지지 않으려는 자동차
네 바퀴에 전해지는 긴장이
내 손에도 땀을 쥐게 만든다

#긴장

쑥부쟁이, 구절초가
다 어디 갔나 했더니
꽃사슴 잔등에
흐드러지게 피었다

#꽃사슴

생각해 보니, 아버지를
업어드린 기억이 없다
어색할지 모르겠지만
더 가벼워지시기 전에
한 번 업어드려야겠다

#다짐

부드러운 곡선 앞에
세상의 험한 말들이
언제 그랬냐는 듯
유순하게 돌아나가는 곳

#순천만

내려와

싫어

엄마가 잡아줄게

무섭단 말야

#용기

밤새 놀고 가는 달
밟고 건너가라고
월류 오봉이
머리를 드리워
징검다리를 놓았네

#월류봉

혼돈을 평정하러
코스모스가 온다
인해전술^{人海戰術} 같은
화해전술^{花海戰術}이다

#코스모스

꿀맛을 알아버린 나비는
애벌레 시절을 기억할까
쓰디쓴 잎사귀도
달기만 하던
그때를

#망각

쬐그만 것이
향수 뿌렸다고
벌을 받았다

#회양목

주목받지 못하던
어둠의 여백을
가득 채우고 있는
초승달 하나

#화룡점정

#화룡포정

꿈같은 밤이다
기슭에 빛나는 야경
아름다움의 절정을
눈부시게 품은 정적

빛과 어둠의 아슬한 경계
저 넘어설 수 없는
결계의 선을 따라
과거에서 지금까지
걷고 또 걸어왔는가

#뫼비우스의 띠

소나무야
무지개 좀
꼭 붙잡고 있어
오늘은 꼭
건너보고 말 거야

#무지개 다리

낡은 장독들
외할머니의 한숨과 눈물이
고스란히 숙성되어
짠맛과 매운맛이 되고

#부재

수련보다
성미 급한 빗방울
금방 사라질 그림만
자꾸 자꾸 그린다

#동그라미

개망초
헤어스타일들이
왜 비슷한지
이제야 알겠다

#단골 미용사

해바라기라고 늘
해만 바라볼까
과한 사랑도
때론 독이거늘

#폭염

낮과 밤이
씌여진
모래시계를
방금 뒤집었다

#포구

들녘 일 마친
지친 소의 잔등에
딱지가 졌네

#휴식

개구리 떼가 가도
사람 떼가 몰리니
와글와글 왁자지껄
연잎의 묵언수행
도로 아미타불이라

#입을 뗀 이유

착한 일을 할 때마다
한 알 한 알
보석이 와 박힌다는
왕관 이야기가 있었다

#요술공주 밍키

제비꽃 찍으려다
이슬만 찍었다
마음을 빼앗기는 건
이렇게, 한순간이다

#한눈팔다

손으로는
사람의 머리를 깎고
발로는
달의 머리를 깎는 곳

#미용실

where is my oasis?

#Oasis

청학동 서당의 풍월을 오래 들어왔을 테니
지리산이 붓글씨를 쓴 대도 이상할 게 없다
머리 위 하늘에 힘주어 쓴 '뫼 산' 한 글자
제 이름 석 자를 쓸 날도 멀지 않아 보였다

#붓글씨

당신의 사색 속에
스며들고 싶어서
지긋이 눈을 감고
빗물이 되었습니다

#사색

습관처럼

염전의 가래처럼
하늘을 밀고
지나가는 갈매기
오늘 밤엔 유난히
별 알이 굵겠다

#가래질

입동이 코앞인데
철 모르는 어린 제비꽃 하나
벽에 기대어 곤하게 잠이 들었다
담요라도 가져다
따뜻하게 덮어주고 싶었다

#제비꽃

저 실과 바늘로 솜이불을 지으면
올 겨울도 따뜻하게
날 수 있을텐데

#바느질

풋달의 그림자를
두드리고 구부려
처마 밑에 걸어두었더니
바람은 미끄러지고
구름만 걸리는구나

#달쇠

* 달쇠 : 본래 이름인 '돌쇠'를 바꿔 불러보다.

나는 꽃을 찍었는데
거미가 짜증을 낸다

#뚱딴지 같은

떨어지는 찰나에도
눈 뗄 수 없는 악양 들판
잠시 머물 여유가 생겼으니
구름도 바람도 여기 누워
함께 바라보자꾸나

#해먹

블루스크린이 떴다
어금니 질끈 물고
리셋을 누르지 마라
잠시만, 잠시 동안만
아름다운 먹통이다

#블루스크린

저 큰 붓으로
색을 칠했니?

#핑크뮬리

벚나무도
유행을 아는구나
인싸 인정!

#헤어스타일

갈라진 불바다 사잇길
저 건너엔 겨울이 있고
그 너머엔 따스한 봄이
기다리고 있을까
믿음으로 건너야 할, 저 길

#모세의 기적

고뇌하는 관음보살 앞에
불쑥 튀어나온 모아이 석상

#형이 거기서 왜 나와
#구례 사성암

햇살을 가린 게 아니야
늘 바람을 막아준 거지

#누나의 등

나무가 사람과 다른 건
소리내어 울지 않는 것
사람이 나무와 다른 건
울어야 할 때를 아는 것
가끔씩 나무가 되는 것

#눈물

좀처럼 보기 힘든
구름의 오체투지
왜, 죄는 사람이 짓고
속죄는 하늘이 하는가

#삼보일배

내가 가을을 타듯
가을도 나를 탄다
산수유 잎을 내고
내 마음에 오른다

#승차권

야동이라도 봤니
비아그라를 몰래 먹었니
나한테 대체
왜 이러는 거니

#부작용

남강에 잔뜩 떠 있는
형형색색 유등들아
최저시급은 제대로 받니?
시간외 근무수당은
받고 일하는 거니?

#유등 알바생

씨앗도 뿌리지 않고
꽃길이 열리길
바라진 않았는지
나에게 묻는, 저 길

#꽃길

가을 들판을
얼마나 날아다니셨으면
날개가 다 해졌을까?

#아버지

잎눈도 아니고 꽃눈도 아닌데
비만 오면 나무에 눈이 달린다
도드라진 눈으로 보이는 족족
사방의 풍경을 꿀꺽 삼킨다
카멜레온이 울고 갈 지경이다

#입눈

바람이 자꾸 부는 이유를
구름에게 물었더니
저 멀쩡해 뵈는 태양이
솜털 알러지가 있다지 뭐야

#재채기

비 맞은 삽사리마냥
은행나무 혼자서
부르르 몸을 터는 걸
까치도 보고 나도 보고
심지어 사슴도 봤다니까

#못 믿겠음 말구

어미가 늘
지붕이었다
지붕이 사라진 집에는
새끼들도 더는
찾아오지 않는다

#지붕 없는 집

온종일 뛰놀던 아이들이
배가 고플 때라는 걸 알고 있었으리라
그리하여 일부러 구수한 밥 냄새를
솜사탕처럼 길게 뽑아내어
집으로, 집으로 불러들였으리라

#연기의 추억

지금 뽑아내면
너희들 말처럼 잡초가 되지만
오래 놓아두면
누군가에겐 지팡이가 될 거야

#명아주의 꿈

여전히 좋다

오래전 돌아가신 외할아버지
이 겨울에도 담배를 달게 피우시는지
가끔 불씨가 살아 타들어간다
답답할 때 나도 괜히 피워보고 싶은
그 길다란 곰방대

#곰방대

아직도 매달려있는 힘이
저 곱슬에 있는 것 같다
철거반인 양 몰려들던 추위도
나동그라져
곱슬에게 지고 말았다

#곱슬의 힘

숭숭 뚫린 구멍 위로
반딧불이 반짝이면
달빛이 내린 줄 알고
덥석 미끼를 무는
달바라기들이 있다

#달동네

왜 세상의 폭탄들은
파편이 쇳조각이지?
생명을 죽이는 파편 말고
와~ 죽인다~ 소리가 나는
예쁜 꽃 파편이면 좀 좋아

#꽃폭탄

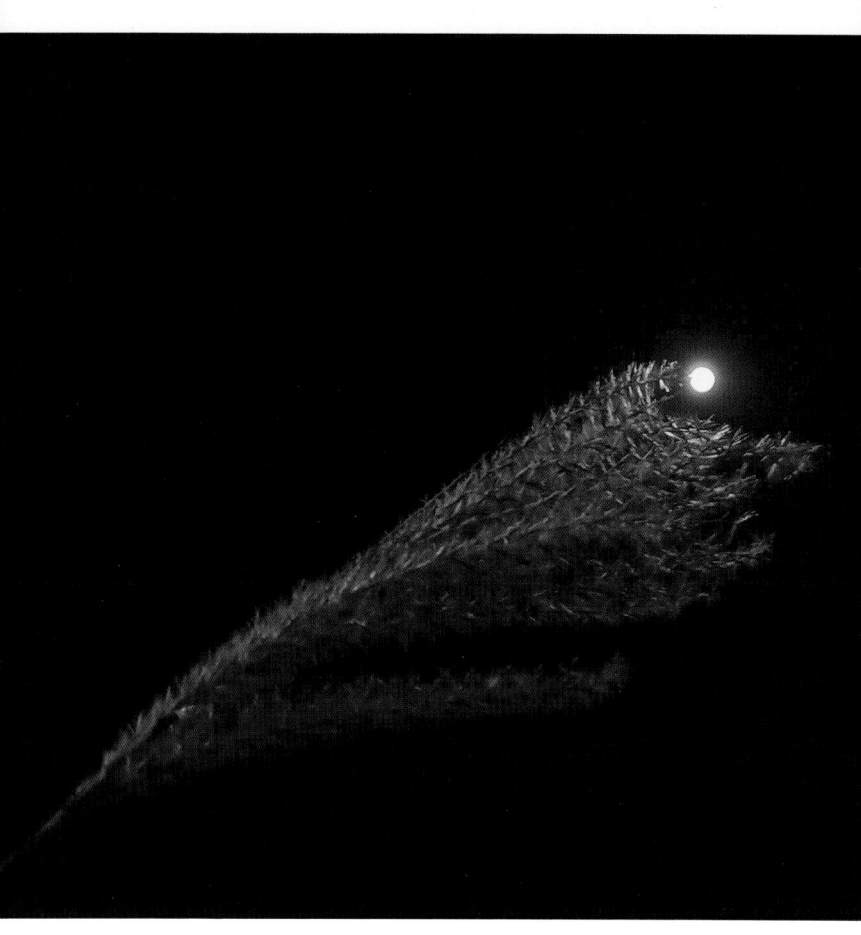

달의 들숨에
휘청이는
억새처럼
너의 숨소리에도
나는 흔들린다

#설렘

민들레 포자가
해를 잡고 있을 때
훅- 불어버리면
온 세상이 금세
환해질 텐데

#여명을 깨우는 방법

된서리를 맞아도
강아지풀은 죽지 않는다
아침마다 동녘 산등성이에서
해를 쭉 빨아먹고
하루를 또 살아낸다

#하루 살이

빛과 어두움의
조각들이
곱게 갈아져
수평선에
흩뿌려지는

#Twilight

구름은 좌회전
태양은 직진하세요
안개가 짙으니
바람은 일단 정지하세요

#날씨정리

설레던 맘 들킬까봐
서둘러 녹아버린
첫눈 같은 사랑이었지
처음이 아니어도
내게는 첫사랑이었지

#첫사랑

혼자 있다고
대충 먹지 말고
잘 먹어야 나처럼
둥글게 크지

#가로등 달 생각

귤 껍질에 불을 댕기니
영락없는 호롱불입니다
화로에 구워 먹던
맛난 밤과 고구마가
서른 몇 해 겨울을 건너옵니다

#호롱불

어둠이라고
혈관이 없겠는가
그 길을 따라 매일
뜨거운 빛이 흐른다

#어둠의 피

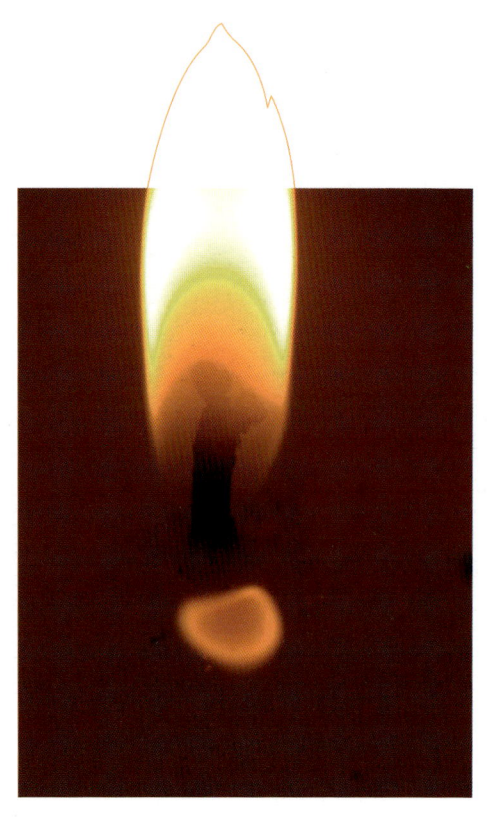

어린 자식이
아플 때마다
등에 업고서
긴긴 밤을 하얗게
밝히셨던 어머니

#모정 • 1

힘없이 나뒹구는
낙엽이지만
저만큼의 불꽃은 늘
가슴에 품고 산다

#열정

꽉 막힌 줄만 알았던 담벼락에도
바람이 흘러가는 길은 있더라
나의 시선도 절로 따라 흐르더라
그 풍파를 견뎌낸 돌들 중에
모난 돌은, 하나도 없더라

#둥근 돌

이보다
정확할 수
있을까

#정각 9시

은퇴했다고
은근 무시하는데
내가 입만 뻥끗하면
조용하던 세상이
발칵 뒤집힐 거다

#뻥이요

더와 덜의 차이는
조금 있겠지만
철^{Fe}이
들어서가
아닐까

#인생이 쓴 이유

철마다 나를
밟고 가는 놈
대체 누구냐

#동일범

내 삶의 템포는
더도 덜도 말고
평균 4분음표의
정속 주행이기를

#Moderato

입김을 후- 불었더니
겨드랑이가 간지러운지
입꼬리 눈꼬리가 더
동그랗게 말린다

#꼬마 눈사람

저마다 가슴에 지닌
구멍 하나를 막을 때마다
음정이 내려가는 피리
이제 더는 내려갈 음이 없으니
손가락을 하나씩 떼어봐야지

#희망

Epilogue

　아무것도 모르던 내가 사진에 관심을 갖기 시작한 건, 10년 전 강화도에 살 때 만났던 작은 야생화들 때문이었다.

　변변한 카메라도 없이 휴대폰으로 길가에 쭈그리고 앉아 구절초, 벌개미취, 쑥부쟁이들을 찍어 한 장씩 넘겨보는 재미가 좋았다. 그러다가 성능 좋은 스마트폰을 갖게 되면서부터 나의 사진 촬영 수준도 발전하기 시작했다. 어디서 사진 이론을 배운 바 없지만, 이렇게도 찍고 저렇게도 찍어보고 하면서 어렴풋이 구도라는 걸 알게 되었고, 내려다만 보는 게 아니라 몸을 낮추어 피사체에 가까이 다가갈수록 다양한 모습을 포착할 수 있다는 것을 알게 되었다. 게다가 손가락 터치에 따라 초점이 달라지는 걸 경험하면서 Out Focusing으로 아련한 모습을 잡아내는 것도 가능해졌다.

　그렇게 찍은 사진들을 주위 사람들에게 수시로 보여주기도 했다. 귀찮을 법도 했을텐데 다행히 그런 내색 없이 호응해 주는 이들이 많았다. 그때 혹평이나 핀잔을 들었다면 아마 나는 사진찍는 취미를 일찌감치 접었을 지도 모른다.

사진을 찍고 시를 쓰면서 내게 생긴 가장 큰 변화는, 세상을 바라보는 시야가 넓어졌다는 점이다. 아무리 하찮은 사물이나 풍경에서도 남들이 발견하지 못하는 그들만의 표정이나 속삭임을 발견하곤 했다. 길을 가다 갑자기 심각한 표정으로 멈춰 서서 하늘을 찍거나 쪼그리고 앉아 풀꽃을 바라보는 내 모습이 남들 눈에는 얼마나 우스꽝스러웠을까. 일단 뭔가 새로운 것이 보이면 그것이 징그러운 뱀이라 할지라도 난 찍고 본다. 하지만 그런 모습을 우스워하던 사람들도 나중에는 사진과 시를 보면 신기해하고 재미있어 했다. 몇 년 동안 카페와 페이스북에 올렸던 수백 편의 사진과 시들 중에 그래도 조금 봐줄 만한 것들을 추려 이번에 사진시집으로 엮게 되었다.

나의 사진과 시들은 기성 사진작가와 시인들의 작품보다 깊이가 덜 할지도 모르겠다. 하지만 이것 하나만은 자신할 수 있다.

한 장 한 장 책을 넘겨볼 때마다 읽는 재미가 있을 것이고, 어떤 것들은 진지하고 무겁기도 하겠지만 또 어떤 것들은 위트가 있고 소소한 감동도 있을 것이다. 살아있는 것들, 죽어있는 것들 말은 통하지 않아도 언제부턴가 나를 부르는 소리가 귀와 눈에 들어왔다.

찰칵, 찰칵 나는 통역사가 되어 그 소리를 번역하고 하나둘씩 모으다 보니 마음이 잔잔해지는 이야기책이 되었다. 몇 년 전 책을 내게 되면 꼭 이 문장을 넣겠노라 SNS에 저장해 놓았는데 이제 스스로의 다짐을 지킬 수 있게 되었다.

이 책이 나오기까지 늘 곁에서 성원해 준 가족들과, 나를 채찍질해 단련시켜주시고 이끌어주신 여러 시인 분들, 안 보이는 곳에서 늘 응원해 주시는 소중한 인연들과 이 모든 것을 기획하고 책으로 태어나게 해준 놀북 식구들 모두에게 진심으로 감사의 마음을 전하고 싶다.

세상의 모든 B에게

초판 1쇄 인쇄　2019년 11월 22일
초판 1쇄 발행　2019년 11월 29일
지 은 이　김영빈
발 행 인　방수영
편　　집　방수영·김은영
펴 낸 곳　도서출판 놀*쑥*

출판등록　107-38-01604
편 집 실　청주시 흥덕구 월명로 236번길 106-12
전　　화　010-2506-5300
전자우편　paper808@naver.com
ISBN　　979-11-968607-0-7(03810)
값 15,000원

• 이 도서의 국립중앙도서관 출판예정도서목록(CIP)은 서지정보유통지원시스템 홈페이지(http://seoji.nl.go.kr)와 국가자료종합목록 구축시스템(http://kolis-net.nl.go.kr)에서 이용하실 수 있습니다. (CIP 제어번호 : CIP2019046318)

• 저작권법에 의해 보호를 받는 저작물이므로 저자와 출판사의 동의 없이 내용의 일부를 인용하거나 발췌하는 것을 금합니다. 또 파손된 책은 구입처에서 교환해 드립니다.